yukismart.com/b/67ed4e
AF364397
1
2

baby

bebeluș

boy

băiat

friends

prieteni

girl

fată

smile

a zâmbi

cry

a plânge

hair

pár

eye

ochi

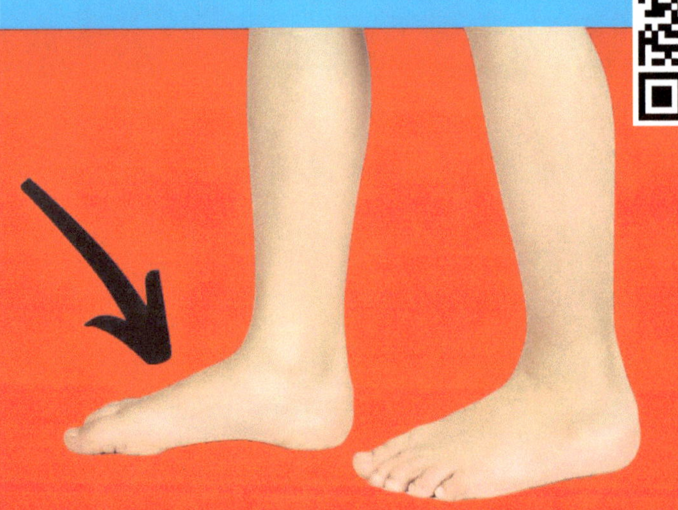

foot

picior

hand

mână

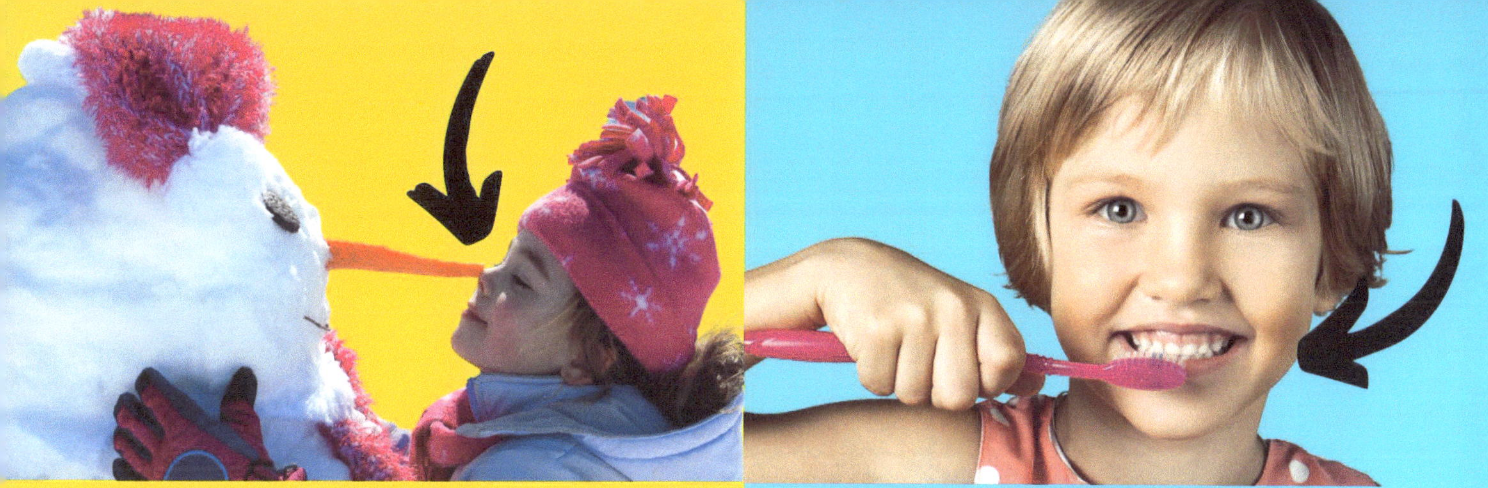

nose

nas

teeth

dinți

ear

ureche

tongue

limbă

sun
soare

moon
lună

star
stea

tree

copac

bird

pasăre

coat

palton

pants

pantaloni

dress

rochie

shoes

pantofi

red

roșu

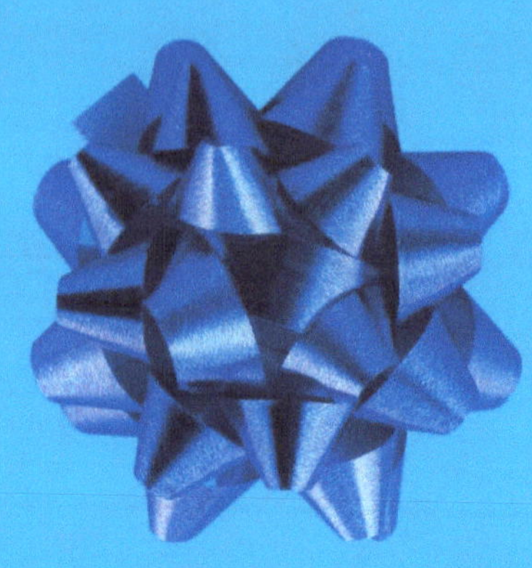

blue

albastru

yellow

galben

pink

roz

white
alb
green
verde
black
negru

multicolored
multicolor

rainbow

curcubeu

apple

mărr

banana

banană

tomato

roșie

orange

portocală

carrot

morcov

peas

mazăre

potato

cartof

corn

porumb

lemon

lămâie

grapes

struguri

pear

pară

watermelon

pepene verde

zucchini

dovlecel

egg

ou

mushroom

ciupercă

square

pătrat

circle

cerc

rectangle

dreptunghi

triangle

triunghi

cat

pisică

dog

câine

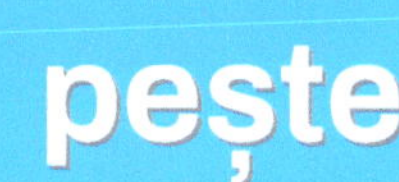

fish

pește

cow

vacă

duck

rață

chick

pui

hen

găină

frog

broască

pig

porc

rabbit

iepure

mouse

șoarece

horse

cal

sheep

oaie

flower

floare

butterfly

fluture

ladybug

gărgăriță

snail

melc

cake

tort

bread

pâine

clock

ceas

key

cheie

book

carte

ball

minge

table

masă

plate

farfurie

chair

scaun

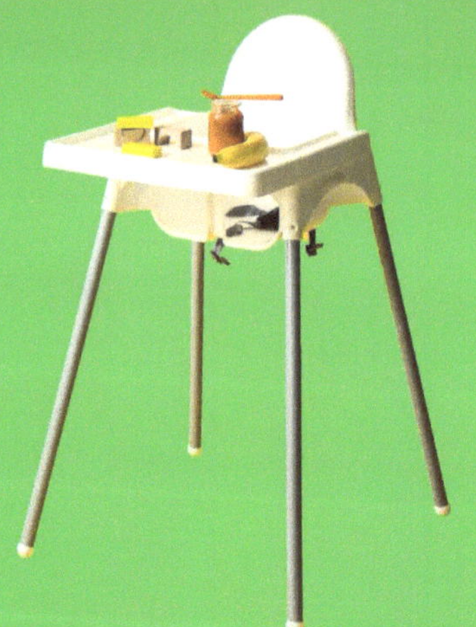

high chair

scaun înalt

fork

furculiță

knife

cuțit

spoon

lingură

cup

cană

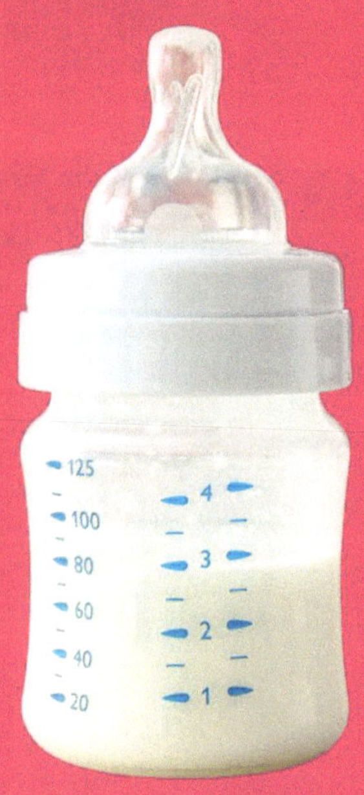

baby bottle

biberon

glass

pahar

bed

pat

crib

pătuț

teddy bear

ursuleț de pluș

pacifier

suzetă

towel

prosop

sink

chiuvetă

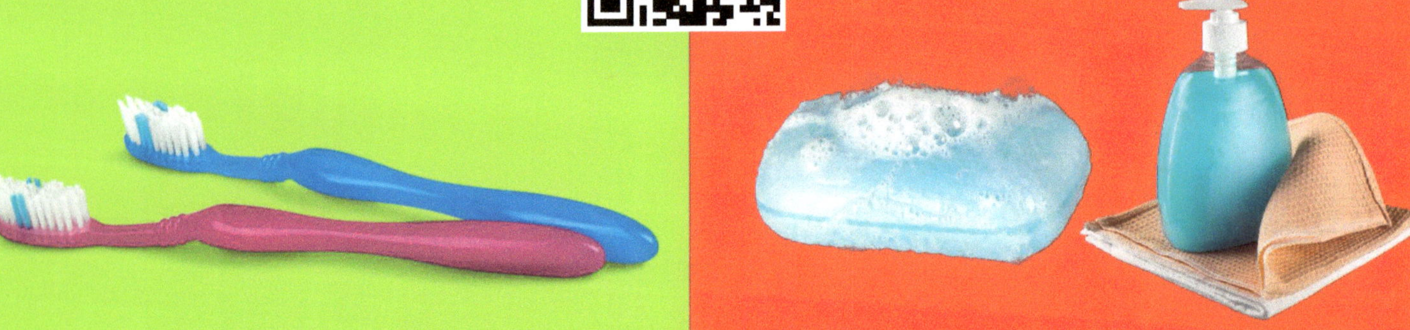

toothbrush

periuță de dinți

soap

săpun

toilet

toaletă

potty

oliță

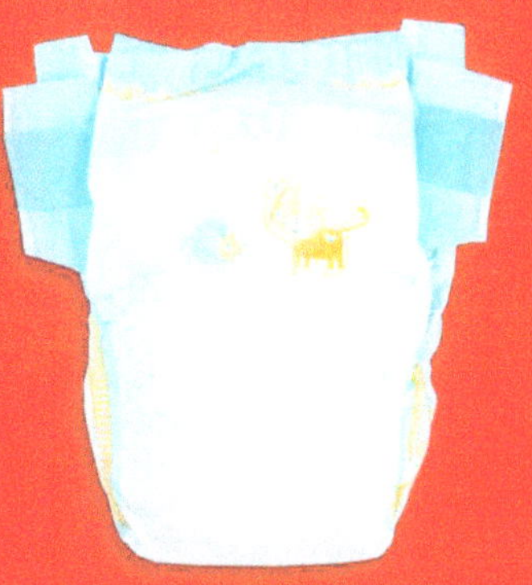

diaper

scutec

car

mașină

bike

bicicletă

plane

avion

boat

barcă

firetruck

mașină de pompieri

train

tren

toys

jucării

www.ingramcontent.com/pod-product-compliance
Lightning Source LLC
LaVergne TN
LVHW071636180726
843512LV00002B/321